QUADERNI CENNI

L'ESERCITO DEL REGNO DI NAPOLI 1808-1815

VOL. 3

Aquarelli di Quinto Cenni dalla collezzione
di H. J. Vinkhuijzen

SOLDIERSHOP PUBLISHING

Title: **L'ESERCITO DEL REGNO DI NAPOLI 1808-1815 VOL. 3. cod. QC007**
By Luca Stefano Cristini. Tavole a colori di Quinto Cenni. First edition by Soldiershop.
Cover & Art Design: Luca S. Cristini. And Anna Cristini
ISBN code: 978-88-93270953 codice e collana Soldiershop Quaderni Cenni (QC007)

Published by Soldiershop publishing, via Padre Davide, 7 - 24050 Zanica (BG) ITALY. www.soldiershop.com

Publishing's notes

L'ESERCITO DEL REGNO DI NAPOLI

1808-1815

Vol. 3

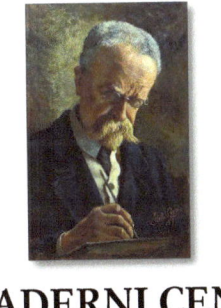

QUADERNI CENNI

Gioacchino Murat re di Napoli

"*Egli [Gioacchino] era prode, generoso, fornito di una certa perspicacia, ma aveva un cuore burrascoso e poca politica di affari. Neppure le conoscenze acquistate avvaloravano la sua mente; la natura gli aveva negato la calma, gli aveva dato una grande immaginazione e privatolo di lumi, e, impegnandosi in disegni straordinari e ineseguibili, suggeritigli da quella, non riceveva soccorso da questi che solo avrebbero potuto diminuirne le difficoltà. Educato nella rivoluzione e nella corte di Napoleone, non conosceva né gli uomini né i gabinetti, e in tal riguardo né il passato, né l'avvenire entravano mai nei suoi calcoli. La sua volontà era perplessa, perché contraddittorie le cose che egli voleva e perciò restava paralizzata. Gli mancava affatto il coraggio morale: le più picciole cose, in bene o in male, lo agitavano fortemente, e a nessuna cosa dava la giusta importanza. Grande opinione aveva di sé governando con ricompense e non con castighi, cercando di contentare gl'individui nel particolare, ma negligendo il generale".*

(Luigi Blanch, Colpo d'occhio sulla campagna di Napoli del 1815, in Benedetto Croce (a cura di),

Il ritratto del Murat, tracciato nel 1819 e a lungo rimasto inedito, svela nel Blanch, un ufficiale napoletano che aveva militato con i francesi, prima in Russia, poi nella campagna del 1815, il desiderio di fornire un giudizio serio ed imparziale sull'uomo e sulle imprese da lui compiute, molto fidando su sé e su circostanze apparentemente ritenute favorevoli. Gli errori commessi sono giudicati con spregiudicatezza dallo storico che sembra reputare inevitabile la finale sconfitta dell'ambizioso sovrano e quindi la cessione del regno con la convenzione di Casalanza che, a suo dire, lasciava i "vinti non oppressi e i vincitori contenti".

Gioacchino Murat nasce il 25 marzo 1767 a Labastide-Fortunière, nel Sud della Francia. Suo padre è un modesto albergatore, lui intraprende da subito la carriera militare, si arruolò come soldato semplice nel 1787.
Fece una rapida scalata di grado divenendo rapidamente un valoroso ufficiale di cavalleria. Nel 1795 Murat è già a Parigi a sostenere Napoleone contro l'insurrezione lealista. Sempre con Napoleone fu poi nella campagna d'Italia e in quella d'Egitto, dove fu nominato generale risultando determinante nella vittoria di Abukir contro i turchi.
Partecipò attivamente al colpo di Stato del 18 brumaio 1799 e divenne comandante della guardia del Primo console. L'anno seguente, il 20 gennaio 1800, sposò la sorella minore di Napoleone, Carolina Bonaparte dalla quale ebbe quattro figli, due maschi e due femmine. Facente ormai parte della famiglia imperiale nel 1804 viene nominato maresciallo dell'Impero, e due anni dopo granduca di Clèves e di Berg, titolo che lasciò al nipote Napoleone Luigi Bonaparte quando divenne re di Napoli.
Murat aveva quarantuno anni quando nel 1808, suo cognato Napoleone lo collocò sul trono di Napoli. Trono che si era liberato dallo spostamento del fratello Giuseppe sul trono di Madrid.
Sin da subito Murat si comportò non già come un proconsole napoleonico, ma come un re italiano. A Napoli il nuovo re, ottenne l'augusto appellativo di "Gioacchino Napoleone". Murat fu subito ben accolto dalla popolazione, che ne apprezzava la bella presenza, il carattere sanguigno, il coraggio fisico, il gusto dello spettacolo

◄ Ritratto di Gioacchino Murat re di Napoli dal 1808 fino al 1815

e alcuni tentativi di porre riparo alla sua miseria, ma soprattutto da quella naturale aria da scugnizzo partenopeo che lo contraddistingueva. Egli governò su Napoli dal primo agosto 1808 fino al 3 maggio 1815.

A Napoli Murat fece numerose riforme e promosse parecchie iniziative. Iniziò nel 1808 fondando il Corpo degli ingegneri di Ponti e Strade (ente che sarà all'origine della facoltà di Ingegneria a Napoli) e la cattedra di agraria nella medesima università nel dicembre 1809. I letterati apprezzarono la riapertura dell'Accademia Pontaniana ad opera di intellettuali che si riunirono nella residenza di Giustino Fortunato, e l'istituzione della nuova Accademia reale. In campo intellettuale ebbe tuttavia anche il torto di chiudere, con decreto del 29 novembre 1811, l'antica e rinomata Scuola medica salernitana, primo esempio al mondo di Università.

In campo urbanistico architettonico avviò i lavori di importanti opere pubbliche: a Napoli (il ponte della Sanità, via Posillipo, nuovi scavi ad Ercolano, il Campo di Marte, quest'ultimo già iniziato dal suo predecessore Giuseppe Bonaparte) Nel resto del Regno fece fare l'illuminazione pubblica a Reggio di Calabria, il progetto del Borgo Nuovo di Bari, il riadattamento del porto di Brindisi, l'istituzione dell'ospedale San Carlo di Potenza ecc.

Il 1° gennaio 1809, Murat introdusse nel Regno il Codice Napoleonico, che, tra le varie riforme, legalizzò, per la prima volta nella penisola, il divorzio, il matrimonio civile e l'adozione, cosa che gli allontanò una volta di più il clero cui veniva via via tolte sempre più mansioni di potere. Per contro riottenne almeno in parte le simpatie della nobiltà che apprezzò particolarmente la possibilità di fare carriera nelle cariche connesse con la riorganizzazione dell'esercito sul modello francese. Oltre al clero anche i commercianti ebbero a lamentarsi dalla nuova situazione di blocco imposto dalla stretta attuata dalla marina anglo-borbonica. Questo fatto provocò l'accentuarsi della tradizionale pratica del contrabbando, tuttavia assai tollerata se non addirittura sfruttata dal re che anche grazie a queste cose non fece che aumentare il suo consenso da parte del popolino. Sul fronte militare due erano le questioni da affrontare: il brigantaggio assai vivace che fu però efficacemente combattuto grazie all'adozione di metodi di sconvolgente crudeltà, sotto la guida del generale Andrea Masséna prima e del generale Charles Antoine Manhès poi. La seconda opzione militare, assai più importante era il piano di conquista della Sicilia in mano ai

▲ Re Gioacchino Murat nella sua reggia mentre osserva il Vesuvio
▶ Dopo oltre sette anni di regno Gioacchino termina i suoi giorni fucilato a Pizzo calabro.

Murat — sonst König von Neapel — wurde zu Pizzo in Calabrien erschossen den 13. October 1815.
Er zeigte große Festigkeit im letzten Augenblicke, ließ sich die Augen nicht verbinden und nahm den Lehnsessel nicht an, sondern commandirte selbst den Schützen das tödliche Wort: „Feuer!"

borbonici. Nel 1810 Murat lasciò Napoli per la conquista della Sicilia, col suo esercito giunse a Scilla il 3 giugno 1810 e vi restò sino al 5 luglio, quando fu completato il grande accampamento di Piale. Una copia in miniatura del grande accampamento della Grande Armée di fronte alla Manica.

Il 26 settembre dello stesso anno, Murat si rende conto delle enormi difficoltà dell'operazione e vi rinuncia, smantella quindi l'accampamento di Piale facendo ritorno a Napoli. Murat partecipa quindi alla campagna di Russia del 1812 e alla successiva battaglia di Lipsia del 1813. Dopo questa sconfitta, cercò di salvare il trono tradendo il cognato mediante una pace separata con l'Austria (curiosamente caldeggiato in ciò dalla moglie Carolina sorella di Napoleone), ma l'anno dopo, durante i Cento giorni, fu di nuovo a fianco dell'Imperatore. Il 1815 lo vede attivo propugnatore dell'ideale impresa di sollevare i destini d'Italia, lo scontro inevitabile con l'Austria lo obbligò a quella guerra che vide il suo epilogo a Tolentino il 2 maggio 1815.

Questa sconfitta accelerò la caduta definitiva che venne ratificata pochi giorni dopo, il 20 maggio nel trattato di Casalanza, firmato presso Capua dai suoi generali. Il trattato tolse il Regno di Napoli a Murat e sancì il ritorno del Borbone sul trono.

Murat si rifugiò momentaneamente nel castello di Rodi Garganico. Qui organizzò una spedizione allo scopo di raggiungere Napoli nel tentativo di sollevarne la popolazione. Dirottato da una tempesta sulle spiagge calabresi, egli con pochi fedelissimi fu intercettato dalla Gendarmeria Borbonica nei pressi di Pizzo calabro, catturato e rinchiuso nelle carceri del locale castello. Pochi giorni dopo venne raggiunto dalla condanna di tradimento che prevedeva la fucilazione pressoché immediata. Il condannato ebbe soltanto una mezzora di tempo per ricevere i conforti religiosi. Nell'ascoltare la condanna capitale Murat non si scompose. Chiese di poter scrivere in francese l'ultima lettera alla moglie e ai figli, che consegnò all'ufficiale incaricato della fucilazione.

Nella busta vi pose anche alcune ciocche dei suoi capelli. Fu quindi fucilato a Pizzo il 13 ottobre 1815. Di fronte al plotone d'esecuzione si comportò con grande fermezza, rifiutando di farsi bendare. Pare che le sue ultime parole siano state: *"Sauvez ma face, visez mon coeur, feu !"* (Risparmiate il mio volto, mirate al cuore, fuoco!).

CAMPAGNE

Il primo, limitato compito affidato alle truppe napoletane al di fuori dei confini nazionali fu la difesa delle guarnigioni dell'Italia del nord, in particolare della città di Mantova, nel 1807. Con l'ascesa al trono di Gioacchino Murat, avvenuta nel 1808, il ruolo delle truppe napoletane mutò radicalmente. La presenza di un sovrano dalle spiccate attitudini militari comportò l'impiego dell'esercito meridionale su tutti i maggiori fronti napoleonici: Spagna, Russia, Germania e Italia fino alla caduta del sovrano (maggio 1815).

Campagna di Spagna 1808-1813

Nel gennaio 1808 la divisione napoletana al comando del generale Lechi viene inviata in Spagna su richiesta dell'Imperatore, andando ad occupare in un primo momento le piazzeforti di Barcellona.

Con l'abdicazione del re Carlo IV di Borbone, a Madrid scoppiò una rivolta popolare che si estese in breve tempo a tutta la Spagna. Le truppe napoletane in concorso con quelle francesi e italiche furono costrette a reprimere la reazione popolare, che nel frattempo fu rinforzata da buona parte delle truppe spagnole lealiste.

Cominciò così un'aspra e terribile guerriglia che caratterizzerò tutto il conflitto peninsulare, fatto di poche battaglie campali vere e proprie alternate più spesso ad agguati e imboscate da parte dei partigiani spagnoli.

Nel giugno del 1808 le truppe napoletane parteciparono all'assedio di Gerona per volere del generale francese Duhesme. Seguì un difficile rientro a Barcellona, che durante l'assenza delle truppe cadde completamente in mano ai rivoltosi, supportati dall'intera popolazione locale. La città venne così assediata con gravi perdite fino al 16 dicembre del 1808, quando grazie all'intervento del maresciallo Saint-Cyr si riuscì di nuovo a rioccupare la capitale catalana. Nell'occasione della riconquista di Barcellona, il comandante francese non mancò di elogiare il comportamento tenuto dalle truppe napoletane, decorando davanti alle truppe in parata il maggiore D'Ambrosio (futuro generale) resosi responsabile di eroismo durante l'operazione ossidionale. Nuove truppe napoletane erano intanto richieste a Murat, i rinforzi arrivarono via terra. Appena giunte in Spagna queste nuove truppe furono destinate all'assedio di Gerona in concorso con l'intera divisione napoletana già presente.

Nell'agosto del 1809, dopo l'apertura di una breccia nelle mura della città catalana, si tentò una sortita nella piazzaforte a cui parteciparono molti battaglioni scelti napoletani, ma l'assalto non riuscì e le truppe murattiane furono falcidiate subendo numerose perdite.

I reparti napoletani duramente provati vennero così inviati a Figueras per un forzato periodo di ricostruzione, senza poter assistere alla caduta di Gerona che avvenne nel dicembre del 1809. Nel 1810 Murat decise nuovamente di mandare in Spagna altri

▲ Murat passeggia nel mercato popolare di Napoli

◄ La famiglia del re: la regina Carolina sorella di napoleone e i loro 4 figli: due maschi e due femmine.

▲ La Guardia del copro del re sfila in alta uniforme davanti al sovrano e al palazzo reale.

▶ Il reggimento *Real Africano* in una città tedesca sulla via della campagna di Russia del 1812.

rinforzi napoletani per un totale di circa 6.000 uomini, al comando del generale Francesco Pignatelli-Strongoli, coadiuvato da Florestano Pepe. La divisione napoletana fu impiegata nella repressione della guerriglia alla periferia di Barcellona, e nella difesa costiera della Catalogna dalle insidiose puntate inglesi coadiuvate dalla loro marina. Tuttavia i rapporti tra i comandanti napoletani e quelli francesi divennero ben presto pessimi per diverse vedute sul modo di portare avanti quella insidiosa guerra. Fatto questo che costrinse il generale Pignatelli-Strongoli a fare un anticipato ritorno in patria alla fine dell'anno. Il suo posto venne preso dal generale Ferrier, il quale meno disposto agli interessi napoletani finì col ridurre le dimensioni della divisione napoletana, relegandola in seconda linea a compiti di sorveglianza sull'Ebro ed incarichi di polizia. La brigata napoletana quindi partecipò alla battaglia di Calatayud, per essere poi trasferita a Valencia. Successivamente la brigata si distinse nell'assedio del castello di Oropesa. Le truppe napoletane furono poste, nei primi mesi del 1812, al comando di Guglielmo Pepe, che decise di stanziarsi a Saragozza. Da Saragozza i reparti furono trasferiti a Castellon de la Plana, In questa località si procedette ad una sorta di smantellamento delle truppe napoletane al fine di ottenerne piccoli distaccamenti da utilizzare principalmente nel tentativo di reprimere la guerriglia filo-spagnola.

Anche il generale Guglielmo Pepe tuttavia alla fine fu richiamato in patria, sempre per i soliti dissidi con i francesi, così nel 1813 cioè che rimase della brigata napoletana fu trasferita nuovamente a Saragozza, venendo sempre impiegata contro i guerriglieri locali. Ricolmate per un'ultima volta le perdite, la brigata napoletana partecipò alle ultime azioni della guerra di Spagna seguendo le sorti delle altre truppe napoleoniche.

I reparti napoletani di fanteria che più si impegnarono e si distinsero sul fronte spagnolo furono il 1°, il 2° e l'8° Reggimento Fanteria di Linea.

Campagna di Russia e di Germania 1812-1813

L'avventura in terra russa vede Murat grande protagonista. Egli aveva combattuto in tutte le guerre dell'epoca tranne in quella del 1809 contro l'Austria, anno in cui era dovuto rimanere nel proprio territorio per ragioni di difesa. Suo è infatti il comando della cavalleria della Grande Armée, e ovviamente sua è anche la direzione del proprio esercito napoletano. A partire dalla primavera del 1812, partirono quindi da Napoli circa 10.000 soldati con circa 2000 cavalli per la campagna di Russia. Il contingente napoletano fu passato in rivista il 24 aprile dallo stesso re Gioacchino nella grande piazza d'armi di Capodichino (il famoso Campo di Marte voluto da Giuseppe Bonaparte). Il contingente imposto al Regno delle Due Sicilie venne limitato ad una divisione per ragioni geo-strategiche. Di più non si poteva pretendere da Murat, che fra le altre incombenze doveva essere lasciato nella possibilità di difendere le sue coste continuamente minacciate dalla marina anglo-siciliana.

La divisione, comandata inizialmente dal francese D'Estrées, comprendeva reparti di linea, della guardia e di marina, tutti napoletani, e doveva essere adunata nei dintorni di Napoli ai primi dell'aprile 1812.

Queste truppe e successivi rinforzi resteranno lontani dal Regno fino al 1814, solo in seguito alla disfatta generale dell'armata napoleonica, le truppe napoletane si ritirarono nei territori del regno. La divisione napoletana in Russia, divisa su due brigate e truppe di supporto fu posta come detto sotto comando francese ma operativamente la responsabilità al comando fu assegnata al generale Florestano Pepe e comprendeva i seguenti reparti: 1a Brigata al comando del maresciallo di campo Rossaroli (5° Reggimento Fanteria di Linea, 6° Reggimento Fanteria di Linea, Marinai della Guardia Reale), 2a Brigata al comando del maresciallo di campo D'Ambrosio (7° Reggimento Fanteria di Linea, Veliti della Guardia Reale, 5 squadroni di cavalleria della Guardia Reale ed una compagnia d'artiglieria a cavallo).

Le truppe napoletane, per l'itinerario Roma-Firenze-Bologna-Mantova, dovevano riunirsi a Verona per raggiungere poi, attraverso il corridoio atesino, gli stessi obiettivi prescritti per le truppe italiche.

Essendo alcuni reparti dalla tappa di Siena dovuti rientrare nel Regno per ragioni di sicurezza, il contingente napoletano si riduceva alla fine a meno di 8.500 uomini. Particolari accordi per le tappe ed i rifornimenti erano stati presi tra i ministri della guerra di Napoli e di Milano e i rappresentanti del governo a Roma e a Firenze. Partiti a fine aprile i napoletani impiegarono quindi cinque mesi per attraversare a piedi tutta l'Europa.

L'armata giunse nella Polonia orientale (odierna Bielorussia) soltanto all'inizio dell'autunno. Il più grosso impegno che toccò ai napoletani nell'intera campagna di Russia fu l'operazione di Danzica, la città costiera sul Baltico era a quel tempo una formidabile fortezza, e l'armata di Murat nell'inverno 1812-13 garantì una importante funzione, trattenendo innanzi ai propri baluardi, per oltre un anno, un poderoso corpo degli alleati. Lo fece talmente bene che il generale Lagrange, nella seconda metà di ottobre passava in rivista la divisione napoletana, elogiandola per il suo contegno e per la salda disciplina tenuta nell'occasione del lungo assedio di Danzica durante il quale i napoletani si comportarono magnificamente. Questo fatto comportò il quasi totale assorbimento delle truppe

▲ Stampa oleografica di Gioacchino Murat in battaglia. Murat fu un valente e coraggioso comandante di cavalleria e fra i migliori soldati a disposizione di Napoleone Bonaparte

murattiane in quello scacchiere e solo poche truppe seguirono il resto dell'invasione russa. Fra questi vi fu lo stesso Murat, incaricato di dirigere la cavalleria della Grande Armée. Il 18 ottobre Murat, si trovava nei dintorni di Mosca a Vinkovo, dove veniva attaccato da preponderanti forze russe. Egli riuscì ad attuare una valida difesa rimanendo tuttavia ferito nell'operazione. L'avventura russa si stava ormai rivelando un fallimento e lo stesso Imperatore propose per la ritirata, che ebbe inizio l'indomani 19 ottobre.

All'avanguardia della lunghissima colonna napoleonica furono posti gli italici, seguiva il grosso della Grande Armata, in retroguardia era Murat. Il 20 dello stesso mese l'Imperatore, che aveva lasciato in Mosca il solo corpo di Mortier, dava disposizioni che anche queste truppe si ponessero sulla via del ritorno, dopo aver distrutto il Cremlino. A fine ottobre la divisione napoletana venne finalmente schierata in Lituania, a Kowno ed a Wilna, dove la cavalleria della Guardia ebbe persino l'onore di scortare lo stesso Napoleone nella fase finale della sua ritirata, subendo gravi perdite soprattutto a causa del clima. La stessa sorte toccò ai Veliti napoletani, che in seguito coprirono la ritirata della Grande Armée fino a Kowno, subendo perdite terribili, ben 1.200 uomini tra morti e feriti.

Alcune delle residue truppe napoletane non più sufficienti a garantire gli organici dei loro reparti come i Marinai ed altre compagnie scelte furono sciolti e riaggregati in un nuovo reggimento formato appositamente per coprire la ritirata dei reparti francesi. A questo reggimento si aggiunse poi il 4° Reggimento Fanteria Leggero, richiamato urgentemente da Napoli. Questa brigata napoletana fu poi incorporata nella 31ª Divisione (gen. Gerard) dell'XI Corpo d'armata francese, e seguì la Grande Armée nella ritirata finale dalla Slesia fino a Dresda combattendo assiduamente. Una volta sfuggiti alla morsa russa, napoleone fece rientro in Francia lasciando il comando di ciò che rimaneva della Grande Armée allo stesso Murat che però, nell'occasione si dimostrò non adeguato al grave compito. Il malessere morale, diffusosi tra le truppe napoletane, si rivelava anche in imprecazioni contro l'Imperatore, nella stessa Guardia Reale. Negli obiettivi assegnati dal nuovo comandante in capo Murat vi fu anche quello infausto di tirare i conti della campagna. I numeri impietosi parlavano di una vera carneficina: dei 27.400 fra italici e napoletani che avevano passato il Niemen nella precedente estate, ne ritornavano solamente un migliaio. Gli altri erano caduti in combattimento, o morti di malattia o di freddo nella ritirata, o prigionieri del nemico. Dei 9.000 cavalli partiti non se ne salvò nemmeno uno. Furono perse anche tutte le artiglierie, tutti i cassoni di munizioni, tutti i carriaggi da trasporto. Solo 1.000 italiani giunsero quindi in terra di Prussia.

I più malandati e i feriti fra essi furono rimpatriati, mentre dalla stessa Italia e da Napoli giunsero truppe fresche di rinforzo. Alcune di queste furono aggiunte ai pochi superstiti in nuove formazioni che presero parte alle successive campagne di Germania durante tutto il 1813. Nel maggio del 1813 i napoletani furono impiegati nella controffensiva napoleonica ad Eissdorf, e poi a Bautzen e Lützen, dove pure subirono gravi perdite.

Al momento dell'armistizio di Pleiswitz lo stesso Napoleone decorò della Legion d'Onore il comandante in capo al contingente napoletano, generale Mac Donald, insieme a parecchi ufficiali e soldati. Alla ripresa delle ostilità la brigata partecipò alla disastrosa battaglia di Lipsia, poi venne impiegata ad Hanau e, nel novembre 1813, i pochi superstiti furono finalmente rimpatriati.

Ordine di battaglia della divisione Napoletana della Grande Armée. Campagna di Russia 1812 XI Corpo Maresciallo Augereau Capo di Stato Maggiore: Generale di Brigata Menard:

31a Divisione - Generale di Divisione Gerard. Capo di Stato Maggiore Generale Pepe
• 1a Brigata - Generale di Squadra Rossaroli
5° di linea (2 battaglioni: 49 ufficiali e 1859 uomini) 6° di linea (2 battaglioni: 47 ufficiali e 1791 uomini) Marinai della Guardia (2 compagnie: 8 ufficiali e 203 uomini)
• 2a Brigata - Generale di Squadra D'Ambrosio
7° di linea (2 battaglioni: 44 ufficiali e 1700 uomini) Veliti a piedi della Guardia (2 battaglioni: 49 ufficiali e 1479 uomini)
• Brigata di cavalleria - Generale di Squadra Franceschi
Veliti a cavallo della Guardia (2 squadroni: 22 ufficiali e 320 uomini) Guardie d'Onore (3 squadroni: 31 ufficiali e 395 uomini) Batteria d'artiglieria a cavallo (6 ufficiali e 75 uomini, 4 cannoni da 6 libbre e 2 obici)

Ma torniamo un momento alla difesa di Danzica, che come detto fu il principale sforzo compiuto dagli uomini di Murat. L'assedio della città anseatica iniziò il 21 gennaio 1813 e si protrasse per quasi un anno.

All'inizio dell'assedio alcune compagnie napoletane che si trovavano a Stettino con compiti di scorta, furono costrette a rientrare a Danzica combattendo. Il gelo, la fame, le malattie e le numerose ricognizioni offensive al di fuori delle mura, provocarono forti perdite tra le truppe murattiane. Il 9 giugno il comandante della piazza di Danzica, generale Jean Rapp, impiegò le truppe napoletane nella sua controffensiva, fatto questo che comportò altre perdite a danno delle truppe napoletane. Due giorni dopo fu firmata una tregua, e i comandanti napoletani ne approfittarono per mandare a Murat dei rapporti elogiativi sul comportamento delle loro truppe.

Lo stesso generale francese Detres fece pervenire al sovrano una relazione riportante ottime impressioni sui soldati napoletani, relazione pubblicata poi sul "Monitore delle Due Sicilie". Al contrario delle notizie provenienti dalla Spagna infatti, le notizie provenienti dal fronte russo furono puntualmente pubblicate sulla stampa napoletana, anche perché in questa seconda occasione le truppe si batterono sempre bene.

Due mesi e mezzo dopo la tregua, si ebbe la controffensiva russa del 29 agosto 1813, respinta, in cui i napoletani persero altre centinaia di uomini. Nel mese di settembre vi fu un secondo pesante attacco russo, respinto dai napoletani al fianco dei loro alleati del tempo, i soldati bavaresi e westfaliani, al prezzo di 200 morti.

Tuttavia la pressione russa si strinse intorno alle mura di Danzica e si fece sempre più serrata, l'impiego dell'artiglieria da parte dei russi provocò numerosi e gravi incendi nella città anseatica, fatta principalmente di costruzioni di legno. Il generale Rapp, intuendo l'inutilità di protrarre la difesa della piazzaforte, chiese alla fine di novembre ai russi una sorta di armistizio temporale che gli permettesse di poter abbandonare la città con le sue truppe, ma la proposta francese incontrò un netto rifiuto da parte dello Zar. A questo punto i comandanti napoletani suggerirono al Rapp di aprirsi la strada combattendo attraverso gli schieramenti assedianti, ma il generale francese non vide in quella proposta una soluzione consona alla difficile situazione nella quale si trovava e optò più saggiamente per una resa incondizionata. Alla fine dell'assedio le truppe napoletane corrispondevano a quasi la metà (1.700 soldati) di quelle presenti all'inizio delle operazioni (3.200 soldati). I napoletani inoltre furono, tra i contingenti di diverse nazionalità presenti (francesi, tedeschi, polacchi), quelli che ebbero il minor numero di diserzioni, solo ventidue soldati in tutto. Il 7 gennaio 1814 i napoletani superstiti furono quindi avviati verso la prigionia russa.

Dopo pochi giorni però, il passaggio di Murat dalla parte degli alleati, rese loro la libertà. Raggiunti nuovamente i reparti, questa volta alleati con i nemici di ieri, questi soldati affrontarono una lunga marcia di ritorno compiuta in perfetto ordine, tanto da destare l'ammirazione delle autorità civili e militari dei paesi attraversati.

La piccola armata napoletana percorse la Slesia, la Sassonia e l'Austria. Giunti a Trieste i soldati napoletani poi s'imbarcarono e così raggiunsero Ancona e Barletta. Giunti infine a Napoli, re Gioacchino Murat premiò le sue eroiche truppe includendo i reduci di Danzica nella Guardia reale.

Sul finire del 1813 l'esercito napoletano fu richiesto da Napoleone a raggiungere l'Italia settentrionale con l'obiettivo ufficiale di schierarsi contro gli austriaci. Le mutate condizioni geo strategiche però inducevano re Murat a ricercare un accordo con gli alleati al fine di conservare il trono di Napoli dopo la disfatta di Russia, in questo egli era coadiuvato persino dalla consorte, la regina Carolina sorella di Napoleone.

Nel frattempo le truppe napoletane occuparono di già tutta l'Italia centrale: al momento dell'accordo che alla fine Murat sottoscrisse con gli alleati quindi l'esercito napoletano entrò facilmente in possesso di tutte le province occupate. Il 1°, il 2° ed il 3° Reggimento Fanteria di Linea vennero inviati nella valle del Po, dove avrebbero dovuto coadiuvare l'azione anglo-austriaca contro i franco-italici.

Tuttavia la collaborazione coi nuovi alleati fu assai scarsa per non dire nulla, l'unica battaglia degna di nota a cui parteciparono i reggimenti napoletani fu quella di Reggio Emilia, avvenuta il 7 marzo 1814.

Nei primi mesi del 1814 quindi tutti i reggimenti napoletani parteciparono alla breve campagna contro le truppe napoleoniche nell'Italia centro-settentrionale, occupando Roma, la Toscana, l'Emilia e le Marche.

Alla fine della campagna le truppe napoletane rimasero stanziate nelle Marche, provocando le proteste del Papa, tuttavia ignorate da Murat che alleato dei vincitori di Napoleone si sentiva per certi versi abbastanza sicuro.

Sulla condotta dell'esercito napoletano durante la campagna di Russia, lo storico Raffaele De Cesare così si espresse: " *Durante l'impero napoleonico, i napoletani che combattevano in Ispagna, vennero lodati dai marescialli Suchet e Saint Cyr; nel 1812 Murat ne condusse nella campagna di Russia diecimila, i quali fecero prodigi e nella tremenda ritirata di Mosca, Napoleone non ebbe altra scorta che di cavalieri napoletani, comandati da Roccaromana e da Piccolellis, il quale guidava i cavalli della carrozza dov'era l'Imperatore. Questi diecimila napoletani erano comandati da Florestano Pepe, da Rossaroll, da D'Ambrosio, da Cianciulli, da Costa, da Arcovito, da Roccaromana, da Piccolellis e da Campana. Nella famosa ritirata di Mosca il freddo colpì i due colonnelli Campana e Roccaromana e a Florestano Pepe si gelarono i piedi*".

Dopo Lutzen, Napoleone Bonaparte accomiatandosi dalle truppe italiane, nel novembre 1813 a Magonza personalmente commentò: " *Io partecipavo ad un comune pregiudizio di scarsa stima delle truppe napoletane: esse mi hanno invece colmato di meraviglia a Lutzen, a Bautzen, in Danzica e ad Hanau. I famosi Sanniti, loro avi, non avrebbero combattuto con maggior valore. Il coraggio è come l'amore, ha bisogno di alimento.* "

E poi pubblicò quest'ordine del giorno: "*S. M. l'Imperatore dei francesi e Re d'Italia, volendo dare alle truppe napoletane che fanno parte del grande esercito, una pruova della sua soddisfazione, pel coraggio da esse addimostrato nelle battaglie di Lutzen, con decreto del 22 maggio ha loro conceduto ventisei decorazioni della legion d'onore, da distribuirsi ai militari dei diversi gradi e classi, che si sono maggiormente distinti.*"

Murat curò personalmente la loro distribuzione. A Danzica le truppe napoletane ebbero elogi anche dal maresciallo Rapp; e qualche anno dopo combattettero valorosamente, benché infelicemente, a Modena e a Macerata, condotti dallo stesso Murat.

La guerra austro-napoletana 1814-1815

Nonostante la pace raggiunta, Murat si rese subito conto che la sua situazione non era per nulla sicura, le sue spie lo informavano dei continui e frequenti accordi fra i suoi alleati e gli spodestati Borboni che non vedevano l'ora di ritornare in possesso del loro legittimo trono di Napoli.

Pentitosi quindi ben di aver abbandonato Napoleone cui del resto tutto doveva (l'Imperatore a quel tempo era in esilio all'Elba). Così, alla metà del 1814, il governo napoletano riallacciò i rapporti con Napoleone, decidendo per questo un nuovo potenziamento delle forze armate in vista di un imminente ritorno alla guerra.

Vennero per l'occasione costituiti il 10° Reggimento Fanteria di Linea, l'11° (grazie ai volontari italici dislocati nelle Marche) ed il 12°, ultimo Reggimento di linea, formato grazie ai valorosi reduci di Danzica. Il 1815 vide tutti i reggimenti napoletani impiegati nella nuova guerra contro l'Austria. Questa guerra nacque anche dalla precisa volontà, e dagli ideali rivoluzionari del re di Napoli, che da tempo si sentiva più napoletano dei napoletani, di unificare la penisola italiana sotto la propria corona, in modo da permettere a Napoleone, che nel frattempo grazie ad una rocambolesca fuga era ritornato sui campi di battaglia per quel periodo che la storia ricorderà come i cento giorni, di disfarsi della minaccia austriaca.

Conquistata tutta l'Italia centrale in meno di un mese, l'esercito di Murat occupò le rive del Po dall'Adriatico fino a Reggio Emilia. Il 30 marzo 1815 il sovrano, per ovviare all'inferiorità numerica nei confronti degli austriaci, emise il famoso "Proclama di Rimini", primo storico tentativo dell'età moderna di richiamare tutti gli italiani a battersi sotto le bandiere napoletane per l'indipendenza nazionale. Quest'appello tuttavia diede magri risultati: le popolazioni locali, stanche della guerra, fornirono poco più di 500 reclute e volontari (in gran parte ex-ufficiali del

▲ Murat prima di venire fucilato lascia del danaro per i derelitti napoletani suoi compagni di prigionia.

Regno italico). La conquista dell'Italia settentrionale fu effettuata da Murat con un'armata di 35.000 fanti, 5.000 cavalieri e 60 cannoni. Operativamente Murat, partito da Napoli raggiunse con la IIIa Divisione le Marche nel marzo del 1815, dove, dall'anno precedente, in seguito alla campagna nell'Italia centro-settentrionale intrapresa dal sovrano contro i franco-italici, erano già stanziate la Ia e la IIa Divisione napoletana.

Contemporaneamente ordinò alla Divisione della Guardia Reale di avanzare attraverso il territorio laziale e toscano sul versante tirrenico della penisola in un'ambiziosa manovra avvolgente. Murat decise di lasciare a difesa del Regno solo la IVa Divisione, reparto fra l'altro in corso di organizzazione.

Gli austriaci dal canto loro avevano in Italia circa 50.000 uomini, di cui 25.000 alla destra del Po. Il 4 aprile si ebbe il primo vero combattimento: i napoletani riuscirono a passare il Panaro battendo gli austriaci, mentre la brigata Pepe marciava su Carpi. Entrato trionfalmente a Bologna, il re lanciò un nuovo proclama, dopo quello di Rimini, nella speranza di raccogliere nuovi soldati dalle province emiliane, ma ancora anche stavolta solo poche centinaia di volontari si unirono alle truppe napoletane. Murat insistette nella sua idea di poter raccogliere nuovi volontari, e misi gli occhi sulla ricca Lombardia. Intenzionata a passare il Po ad Occhiobello, e da quella testa di ponte effettuare il ricongiungimento con varie formazioni di volontari lombardi.

Tuttavia gli avversari austriaci non si fecero trovare impreparati, spesso superiori di numero, non faticarono a contenere le offensive del re di Napoli. Lo scontro sul Po avvenne il 7 e l'8 aprile e, nonostante gli sforzi, i napoletani non riuscirono a formare una testa di ponte salda. Tuttavia i napoletani resistettero a tutti i contrattacchi del nemico che era respinto anche da un assalto condotto su Carpi.

Nei giorni seguenti si tentò un nuovo attacco al ponte di Occhiobello, terminato con un niente di fatto. A decidere su una ritirata furono soprattutto le notizie di un possibile diretto intervento inglese contro il suo regno, Murat decise quindi di ritirarsi dal Po per raggiungere posizioni meglio difendibili. Allo stesso tempo fu ordinato anche alla Guardia Reale di compiere un ripiegamento abbandonando Firenze per dirigersi su Pesaro.

Il 14 aprile iniziò il ripiegamento, assai ordinato e ben condotto. I napoletani ebbero facilmente la meglio sugli austriaci che tentavano di sbarrargli la strada a Borgo Panigale. Scontri meno favorevoli si ebbero invece a Cesenatico e al passaggio del Ronco, senza tuttavia incidere sul morale delle truppe, che proseguirono ordinatamente la loro lenta ritirata. Nel frattempo però gli austriaci guidati dal generale Nugent escogitarono un piano per tagliare la strada alla ritirata napoletana: attraversarono gli Appennini al Colfiorito nel tentativo di raggiungere le Marche prima delle truppe murattiane, per ironia della sorte ricevendo anche rinforzi toscani e pontifici, cosa che non era invece riuscita a Murat. Solo quando l'esercito napoletano raggiunse Ancona egli scoprì che il nemico stava per chiuderlo in una tenaglia. Fortunatamente per lui, nonostante la velocità di Nugent e di Bianchi attraverso l'Appennino, le truppe austriache al comando di Neippberg, che lo seguivano da Bologna, erano ancora assai distanti. Così il re di Napoli, secondo le conosciute tattiche napoleoniche optò per affrontare un avversario alla volta. Decise di scontrarsi prima con la colonna di Bianchi a Tolentino, per poi rivolgersi contro le forze guidate dal Neippberg.

Il 1° maggio Murat concentrò a Macerata le divisioni D'Ambrosio, Lechi e della Guardia Reale, inviandole a Tolentino il giorno successivo. Bianchi invece decise di schierare le truppe austriache sull'unica strada che portava da Tolentino a Macerata, nella valle del Chienti. Il terreno circostante, accidentato e bagnato, favoriva parecchio la difesa austriaca, inoltre per non chiare ragioni Murat decise sviluppare il suo assalto utilizzando solo parte delle truppe disponibili. La battaglia ebbe quindi inizio la mattina del 2 maggio con l'attacco napoletano guidato dal generale D'Ambrosio, che brillantemente riuscì a far indietreggiare le truppe austriache fin quasi nel paese di Tolentino, a prezzo tuttavia di numerose perdite (lo stesso D'Ambrosio fu ferito).

Il 3 maggio Murat ripete l'assalto contro Bianchi, facendolo ulteriormente indietreggiare fino a conquistare l'importante caposaldo del castello della Rancia. Per sfortuna dei colori napoletani una parte del fronte, quello tenuto dal generale D'Aquino, non fu all'altezza degli altri reparti. Mal condotto, schierato e coadiuvato, questi battaglioni subirono le cariche della cavalleria austriaca. A rallentare l'attacco napoletano ci si misero anche le condizioni del terreno viscido e brullo.

Tutto questo insieme di cose comunque non bastavano a decidere la battaglia per un fronte o per l'altro, e la stessa era ancora in bilico. Fu ancora una volta Murat a decidere la sospensione dello scontro.

Nuovamente angustiato dalle notizie dei movimenti avversari su altri scacchieri della penisola. Nello specifico seppe che alcune colonne austriache si stavano dirigendo verso gli Abruzzi dopo aver occupato Roma, decise in tutta fretta di rompere il contatto col nemico e di ripiegare al più presto verso il suo regno per evitare di dover affrontare un numero di avversari decisamente superiore a quello di cui disponeva. La ritirata stavolta, pressata

▲ Il momento tragico della cattura di Murat a seguito della sfortunata spedizione tentata dall'ex re per cercare di riconquistare il trono di Napoli.

dal nemico si dimostrò assai più complessa rispetto a quella fatta dopo Occhiobello. A Macerata i napoletani dovettero aprirsi la strada combattendo cruentemente subendo molte perdite. Le condizioni meteorologiche peggiorarono e l'attraversamento dei fiumi marchigiani, ingrossati e spesso privi di ponti, comportarono ancora nuove e più numerose perdite. Poco alla volta quella ritirata si trasformò in rotta, anche se le retroguardie dello schieramento napoletano seppero fino all'ultimo tenere a bada le avanguardie austriache. Per fortuna anche i napoletani ricevettero a quel punto truppe di rinforzo.

Il 13 maggio infatti giunse in soccorso di Murat la sua IVa Divisione, grazie alla quale finalmente i napoletani rimediarono una loro prima vittoria, sconfiggendo gli austriaci a Castel di Sangro. Murat si portò quindi su Capua con la sua divisione, e ne approfittò per proclamare la Costituzione, con la speranza di stringere ulteriormente la popolazione intorno al trono. Ma era ormai troppo tardi, la flotta inglese aveva già preso possesso del porto di Napoli. Nel frattempo le truppe austriache avevano provveduto a rioccupare buona parte del versante tirrenico della penisola, ricollocando il Papa Pio VII a Roma e giungendo fino a San Germano (l'Attuale Cassino).

Qui ciò che restava dell'esercito napoletano di Murat fu sconfitto per l'ultima volta dagli austriaci, in decisiva superiorità numerica. Solo le piazzeforti di Ancona, Pescara e Gaeta, assediate, resistevano ancora. Il 20 maggio, a Casalanza, i generali Carrascosa e Bianchi stipularono un accordo che pose termine alla guerra e che, al contempo, garantiva all'esercito murattiano la conservazione dei suoi diritti anche sotto la monarchia borbonica, appena reinsediatasi sul trono di Napoli purché confluissero nelle rinate forze borboniche.

Il 22 maggio il generale Bianchi entrò trionfalmente a Napoli con Ferdinando IV di Borbone, ponendo fine al "decennio francese".

Le fortezze di Ancona e Pescara aprirono le porte appena ebbero notizia del trattato di Casalanza, mentre Gaeta continuò a resistere: il generale Begani, comandante della piazzaforte, rifiutava di arrendersi se non dietro espresso ordine di Gioacchino Murat. Così venne portata a Gaeta anche la squadra inglese, e l'assedio fu rinforzato con altri contingenti austriaci, pontifici e borbonici. Nella fortezza di Gaeta invece erano schierati, oltre agli artiglieri, alcuni battaglioni del 10° e del 12° di Linea. La situazione all'interno della piazza era assai difficile, tutti sapevano che la guerra era ormai finita, ma la tenacia e la decisione delle ultime truppe murattiane resero possibile il prolungamento della difesa. La flotta inglese intensificò i bombardamenti contro la cittadella, così come le truppe di terra, e a fine giugno affluirono nuovi rinforzi e nuovi cannoni per gli assedianti. Oltre alle cannonate vennero lanciati sulla fortezza anche numerosi inviti alla resa, ma dalla piazzaforte si rispose sempre col fuoco. Nel frattempo Napoleone era stato sconfitto definitivamente a Waterloo e Luigi XVIII reinsediato a Parigi. Ma nonostante ciò a Gaeta si combatteva ancora. Solo il 5 agosto Begani intavolò trattative di resa, chiedendo solo che Gaeta fosse consegnata direttamente a Ferdinando IV, e non a truppe straniere per evitare che come era accaduto con Malta, la fortezza diventasse una colonia britannica. Begani richiese anche che i suoi uomini potessero giovarsi della convenzione di Casalanza.

Una volta garantito sulle sue richieste, Begani si arrese e l'8 agosto 1815 la bandiera murattiana fu ammainata per sempre. Begani partì per un lungo esilio, mentre il fragore delle cannonate (le ultime delle guerre napoleoniche) a Gaeta finalmente terminò.

► Altra immagine relativa alla fucilazione di Murat, qui ritratto nell'indicare ai soldati dove voleva essere colpito.

L'ESERCITO NAPOLETANO NEL 1815

Divisione	Comandante	Com. brigate	Reparti	Uomini
Fanteria della Guardia Reale	Pignatelli-Strongoli	Taillad Merliot	· 1° Veliti · Volteggiatori della G.R. · 2° Veliti · Artiglieria della G.R. · Zappatori · Treno	5.840
Cavalleria della Guardia Reale	Livron	Campana Giuliani	· Ussari della G.R · Cavalleggeri della G.R. · Corazzieri · Lancieri · Artiglieria a Cavallo · Treno	2.109
1ª Divisione	Carrascosa	Pepe De Gennaro	· 2° Reggimento Fanteria Leggero · 1° Reggimento Fanteria di Linea · 3° Reggimento Fanteria di Linea · 5° Reggimento Fanteria di Linea · Artiglieria · Treno	9.694
2ª Divisione	D'Ambrosio	D'Aquino Medici	· 3° Reggimento Fanteria Leggero · 2° Reggimento Fanteria di Linea · 6° Reggimento Fanteria di Linea · 9° Reggimento Fanteria di Linea · Artiglieria · Treno	8.968
3ª Divisione	Lechi	Majo Carafa	· 1° reggimento Fanteria Leggero · 4° Reggimento Fanteria di Linea · 7° Reggimento Fanteria di Linea · 8° Reggimento Fanteria di Linea · Artiglieria · Treno	9.358
4ª Divisione	Pignatelli-Cerchiara	Rosaroll Roche	· 4° Reggimento Fanteria Leggero · 10° Reggimento Fanteria di Linea · 11° Reggimento Fanteria di Linea · 12° Reggimento Fanteria di Linea · Artiglieria · Treno	8.376
Cavalleria di Linea	Rossetti	Fontaine Napoletani	· 1° Reggimento Cavalleggeri · 2° Reggimento Cavalleggeri · 3° Reggimento Cavalleggeri · 4° Reggimento Cavalleggeri	2.922
				47.267

QUINTO CENNI
Un soldato che non fece mai il soldato...

Il nostro più grande e prolifico artista militare, Quinto Cenni nacque a Imola, all'epoca sotto il Regno Pontificio, il giorno di Pasqua 20 marzo del 1845 dall'avvocato (o dottore causidico nel volgo emiliano) Antonio e da Maria Sangiorgi, in una famiglia di solide tradizioni cattoliche, patriottiche, ma anche liberali (un cugino, il capitano Guglielmo Cenni, fu infatti un valoroso volontario garibaldino).

Quinto di nome e di fatto, era infatti il quinto dei dieci figli, i più morti prematuramente, che la famiglia Cenni ebbe. Trascorse i primi anni e compì i primi studi nella cittadina romagnola. Ancora ragazzino sviluppò una passione innata per il disegno ritraendo da subito quello che saranno i suoi soggetti per antonomasia, i soldati !

E in quegli anni ritrae principalmente quelli che gli passano sotto gli occhi; militari austriaci e pontifici che attraversano le polverose strade del paese. Alla prematura morte del padre, avvenuta nel 1856, la numerosa prole venne in parte dispersa, e in un primo tempo pare si chiudano per Quinto le possibilità di intraprendere gli studi di disegno, finche si trasferì con un fratello e una sorella a Bologna. Ed è qui, dopo varie tribolazioni, che il nostro consolida la sua vena artistica presto indirizzata negli ideali studi di pittura resi possibili da un generoso sussidio concessogli dalla amministrazione della sua città natia.

Nel 1864 perde anche la madre. Nel 1867 consegue finalmente il meritato diploma e lo stesso anno Cenni si trasferì a Milano che diverrà sua città d'adozione. Sempre del 1867 è il suo primo lavoro noto, oggi purtroppo scomparso, intitolato: "la tumulazione del generale inglese Moore, dopo la battaglia della Coruna in Ispagna".

Nella capitale lombarda egli si perfeziona nella tecnica dell'incisione, iscrivendosi ai corsi di xilografia e litografia dell'Accademia di Brera dove nel 1870 fu premiato per la litografia. Sono di questi anni gli esordi di quella poliedrica e monumentale attività dell'artista nel campo dell'illustrazione grafica. Dapprima collaboratore del periodico Emporio pittoresco, di cui fu il primo illustratore di soggetti a carattere storico-militare, disegnò poi per varie altre riviste come La Cultura moderna, La Lettura Epoca, L'Illustrazione italiana, La Rivista illustrata, Lo Spirito-folletto ed Emporium.

Oltre a lavorare per le riviste si dedicò anche all'illustrazione di libri, come *Niccolò de' Lapi* di Massimo d'Azeglio. la strada è ormai tracciata, Cenni prosegue infaticabile nei suoi progetti artistici ed editoriali, Nel 1870 pubblica il corposo *Custoza 1848-1866* e il numero unico *I Bersaglieri*, dedicato al famoso corpo di fanteria nel cinquantenario della sua costituzione. Negli stessi anni videro la luce anche gli album *L'esercito italiano*, *Eserciti europei* e *Gli eserciti d'oltre mare* editi tutti da Vallardi. Libri oggi molto ricercati da collezionisti di tutto il mondo. Questi primi vennero seguiti da *I Granatieri* (1887), *Nizza cavalleria, I Carabinieri Reali* (1894), *Cavalleggeri Saluzzo, Lancieri di Firenze* (1898 e 1900), *Avanti l'artiglieria* e *Il Genio militare*.

Quasi sempre editi da Vallardi, ma compaiono anche i primi tentativi di editare direttamente col nome Cenni! In questa nuova veste anche di editore, Quinto Cenni rompe gli indugi e nel 1887 fondò a spese sue *L'Illustrazione militare italiana*, illustrata con tavole e disegni militari. Impresa questa che durò per oltre un decennio terminando appunto nel 1897.

L'Illustrazione militare italiana valse al Cenni numerosi riconoscimenti, incarichi e una certa notorietà anche fuori dai confini nazionali. l'opera, la più importante realizzata del Cenni rappresentò quanto di meglio si pubblicava allora in Italia in merito alle tradizioni, la storia e la composizione dell'Esercito Italiano. Cenni sperò che questa pubblicazione potesse essere fonte di quel guadagno che gli era venuto a mancare per i dissidi con l'editore Treves. Il periodico fondato da Cenni, come detto fu accolto con grande favore e diffuso in vari Paesi, dove ebbe abbonati, corrispondenti e collaboratori. Il governo portoghese gli conferì la prestigiosa onorificenza dell'Ordine militare di Cristo. La pubblicazione gli diede molte soddisfazioni, ma purtroppo non quelle economiche.

◀ Il re Gioacchino Murat e la bandiera dei granatieri della Guardia Reale.

Ricchissima di notizie, anche relative a viaggi ed esplorazioni. Molti gli articoli di storia militare in particolare relativi a episodi risorgimentali. Fu sempre a seguito di questa opera che il ministero della Guerra italiano gli commissionò un album illustrato sulla campagna del 1859, che venne poi pubblicato a cura dell'Ufficio storico del Corpo di Stato Maggiore col titolo *Album della guerra del 1859.* A questo importante lavoro seguirono poi il numero unico *Aosta la veja, l'Atlante militare dedicato alle uniformi degli eserciti europei del tempo,* e *L'Esercito italiano nella nuova divisa* (uniformi del 1910). Tra il 1912 e il 1913 lavorò all'*Album della guerra italo-turca e della conquista della Libia* che fu il primo lavoro italiano di questo tipo pubblicato a dispense, poi riunito in unico fascicolo. Nonostante l'enorme amore e trasporto per le divise e le uniformi, oltre che per tutti gli aspetti della vita militare, Quinto Cenni, il romagnolo naturalizzato milanese, che dedicò tutta la sua vita all'illustrazione del costume militare non vestì mai l'uniforme, non fece mai il soldato. Fu però di fatto un accasermato, poiché non perdeva occasione per stare attorno o nei dintorni di qualsivoglia struttura militare. Sempre molto vicino ai soldati che ritraeva di continuo, passando interi pomeriggi all'interno delle caserme dove, vista la sua fama consolidata, aveva ormai libero accesso, sempre accolto con estrema simpatia.

Quinto Cenni morì in piena prima guerra mondiale il 13 agosto 1917, dopo aver vissuto praticamente tutte le fasi risorgimentali del nostro paese, nella sua casa di proprietà di Carnate in Brianza mentre instancabile stava lavorando alla sua ultima serie dedicata ai Ducato di Modena e Ducato di Parma per il dottor Gustavo De Ridder e per il medico olandese H. J. Vinkhuijzen.

L'opera di Cenni

La vastissima produzione artistica di Quinto Cenni è oggi custodita in parte dalle Istituzioni pubbliche e in parte da numerosi collezionisti privati sparsi per tutto il mondo. In Italia, presso il Museo Nazionale di Castel S. Angelo a Roma sono conservati 288 acquerelli. Questi sono in gran parte gli originali donati dagli eredi Cenni all'allora Presidente del Consiglio Mussolini. Il Museo del Risorgimento di Milano a sua volta conserva oltre un centinaio di acquerelli sui volontari del Risorgimento.

Anche la Pinacoteca civica di Imola conserva qualche campione del suo illustre concittadino.. Ma è soprattutto l'Ufficio Storico dello Stato Maggiore dell'Esercito a possedere la gran massa dei lavori del Cenni. Oltre all'archivio privato dell'artista, una raccolta di moltissimi documenti divisi in vari volumi, dove Quinto e il figlio Italo dopo di lui hanno raccolto appunti e disegni sulle uniformi, sulle armi e sugli eserciti di tutto il mondo e tutte le epoche. Denominato Codice Cenni esso è costituito dalla raccolta dei lavori del Cenni realizzati fra il 1867 e il 1917. Unica nel suo genere, questa preziosa e irripetibile collezione si compone di venticinque album. Sono migliaia di soggetti in più di duemilacinquecento fogli, "soldatini" bellissimi e coloratissimi.

Vere e proprie pere d'arte nelle quali la cura del particolare e la puntigliosa descrizione degli oggetti di corredo e delle varie parti delle uniformi vengono fissate e arricchite spesso da commenti in lapis dell'artista a piè di pagina. Questo enorme dossier contiene anche migliaia di lettere, fogli, cartoline, blocchi per appunti, pagine di quaderno ricoperti di una scrittura inconfondibile, stralci di regolamenti, repertori militari, prescrizioni, opuscoli e circolari; molti fogli riportano schizzi, disegni, bozze di lavori e altro prezioso materiale fondamentale per ogni studioso di uniformologia.

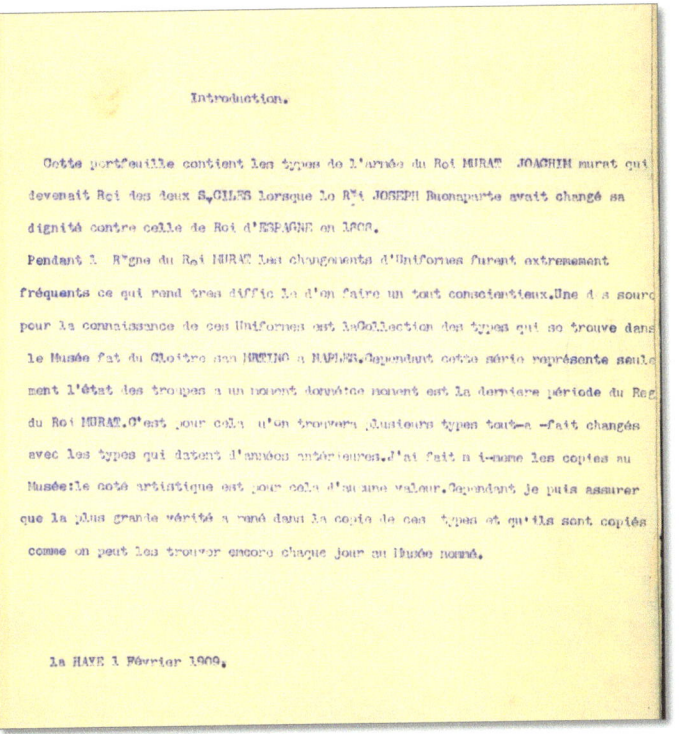

La collezione Vinkhuijzen

Recentemente, 50 acquerelli di Quinto Cenni sul Ducato di Parma al tempo di Maria Luigia, dei quali non si conosceva l'esistenza, sono comparsi in mostra al Museo di New York. Essi facevano parte della grandiosa collezione del già citato medico olandese H. J. Vinkhuijzen. Questi, un appassionato cultore di iconografia militare era un contemporaneo del Cenni, visse infatti fra il 1940 e il 1910.

Collezionista eccentrico, il Dr. H. J. Vinkhuijzen, iniziò la sua carriera come medico dell'esercito olandese fino a diventare medico ufficiale di corte del principe Alessandro dei Paesi Bassi. La sua vasta collezione arrivò a contare oltre 32.000 soggetti. Moltissimi e pressoché sconosciuti quelli realizzati espressamente per la sua collezione da parte di Quinto Cenni. Dal 1911 la collezione è stata donata alla New York Public Library dal sig. Henry Draper erede del medico olandese. Ed è questa collezione a costituire la gran massa dei **Quaderni Cenni** che Soldiershop ha in corso di pubblicazione. Ogni immagine ha subito una rigorosa pulizia e ri-classificazione per fornire agli appassionati di storia militare e costume un opera complete e agevole, di notevole importanza per gli studiosi di uniformologia e non solo.

Cenni pittore ?

Quinto Cenni, pur avendone le possibilità non si dedicò praticamente mai al lavoro su tela, all'attività di pittore classico. Del Cenni infatti non esistono quadri famosi, preferendo egli dedicarsi di gran lunga al disegno, all'incisione e all'acquerello. Fra le poche opere note, la Galleria d'arte moderna di Milano conserva l'acquerello *Cannoniere al pezzo*. Nella Pinacoteca civica di Imola si può ammirare un suo Ritratto ma si tratta di un opera del figlio Italo. Sono noti alcuni quadri che l'artista romagnolo preparò per alcuni concorsi come quello a Milano del 1872 con il quadro *Il combattimento in Piazza Vendôme a Parigi tra Versagliesi e Comunardi* e nel 1881 all'Esposizione nazionale di Belle Arti con *La battaglia di San Martino*. Quinto Cenni fu sostanzialmente uno studioso entusiasta della complessa materia dell'uniformologia, materia che in Italia ha sempre avuto pochi cultori e specialisti,

▲ Foglio scritto da Quinto cenni in relazione alla commissione dei figurini del regno di Napoli nel perido Murattiano. Ogni lavoro accettato dal Cenni era sempre accompagnato da regolari contratti.

◄ Italo Cenni, Ritratto di Quinto Cenni nell'atto di scrivere, olio su tela (Musei Civici di Imola)

23

BIBLIOGRAFIA DI QUINTO CENNI

- Custoza 1848-1866, Album stroico artistico militare, Milano, 1878
- L'Esercito italiano - Schizzi militari, Album, Milano, 1880
- I Bersaglieri, Numero unico, 18 giugno 1886, Milano, 1886
- I Granatieri, Numero unico, Milano, 1887
- La commemorazione del 1° decennio della morte di Re Vittorio Emanuele II, numero unico pubblicato da L'illustrazione militare italiana, Milano, 1888
- Aosta "la Veia", Numero unico, 1890
- Nizza cavalleria!, Numero unico, 1890
- Piemonte Reale cavalleria, Numero unico, 1892
- I Carabinieri reali, Numero unico, 1894
- L'Artiglieria italiana nelle guerre napoleoniche, Roma, Voghera, 1899
- Avanti l'Artiglieria!, Numero unico, 1904
- La Guerra Italo-Turca 1911-1913, Album illustrato
- La campagna del 1859, Album illustrato
- 1849: Assedio di Roma, Foglio m 1,05x0,69
- I Battaglioni della Speranza 1797-99, 1848-49, 1859-60, in Lettura, 1916

Diresse e illustrò L'Illustrazione Militare Italiana dal 1887 al 1897

Opere illustrate

- B. Lencisa, Pasquale Paoli e le guerre di indipendenza della Corsica, Milano, Vallardi, 1890
- P. Moderni, L'assedio di Roma nella guerra del 190.., Milano, La Poligrafica, s.a.
- Alessandro Manzoni, I Promessi Sposi
- Massimo D'Azeglio, Ettore Fieramosca
- Massimo D'Azeglio, Niccolò de' Lapi
- Francesco Domenico Guerrazzi, L'assedio di Firenze

▶ Frontespizio originale dell'artista Quinto Cenni degli album dedicati ai figurini del periodo murattiano del Regno di Napoli.

Esercito Napoletano

nel Regno

di

Joachim Murat

Ann 1806 – 1814.

TAVOLE
UNIFORMOLOGICHE

Note alle tavole a colori

La terza parte dei soldati del regno di Napoli fa riferimento al periodo 1808-1815 con l'insediamento del nuovo sovrano Gioacchino Murat sul trono del Regno di Napoli.

Le tavole sono riportare in base ai numeri riportati dallo stesso Cenni sull'angolo in alto di ogni foglio e della prima classificazione fatta dal collezionista olandese.

Tutti i figurini pubblicati su questo libro sono opera di Quinto Cenni e fanno parte della collezione privata raccolta alla fine dell'ottocento dal Dott. H. J. Vinkhuijzen ora di proprietà della New York Public Library cui va tutto il nostro ringraziamento per la gentile concessione.

Ogni tavola ha subito una radicale pulizia grafica da graffi, segni e usure del tempo. Tutte le indicazioni riportate, quando presenti, si rifanno agli originali testi inseriti dall'artista ai piedi, a lato delle tavole o sul retro delle stesse.

Il re di Napoli Gioacchino Murat

Soldati del real Africano

Cornetta del reggimento Real Africano

Maggiore territoriale d'artiglieria e tenente del reggimento di linea svizzero

Ufficiali d'artiglieria a piedi

Testa di colonna reggimento artiglieria a piedi

1806-1810

Sottufficiali reggimento artiglieria a piedi

Cannoniere e soldati del reggimento artiglieria a piedi

Tamburo reggimento artiglieria a piedi

Artificiere e operaio reggimento artiglieria a piedi

Uomini del reggimento di linea svizzero

Fuciliere tenente dei volteggiatori e granatiere del reggimento d'Isenbourg

Volteggiatore del reggimento d'Isenbourg

Ufficiale del treno artiglieria a cavallo della guardia

1806-1810

Maresciallo di logis del treno artiglieria a cavallo della guardia

Ufficiali marinai della Guardia

Marinaio della Guardia

Piffero e tamburo della marina della Guardia

Ufficiale gendarmeria d'élite

Gendarme d'élite

Brigadiere e ufficiale artiglieria a cavallo della guardia

Ufficiale artiglieria a cavallo della guardia

Brigadiere artiglieria a cavallo della guardia in tenuta ordinaria

Ufficiali artiglieria a cavallo della guardia in varie tenute

Maresciallo di logis artiglieria a cavallo della guardia

1806-1810

Tenente e tromba dei cacciatori delle due Calabrie

Ufficiali riformati

Aiutante militare

Ufficiali Cavalleggeri della Guardia in frac e gala

1806-1812

Cappellani militari

Cappellano militare a cavallo

Alabardiere reale e impiegato d'ospedale militare

Farmacista militare

1806-1812

Medici militari

Chirurgo di cavalleria

Chirurghi militari

Capitano e granatiere del Reggimento della Guardia

Ufficiali volteggiatori e fucilieri del Reggimento della Guardia

1806-1812

Fuciliere del Reggimento della Guardia

Cavalleggero della Guardia con volteggiatore in groppa

Maggiore cavalleggeri della Guardia in gran tenuta e tenente dei veliti a cavallo

Cavalleggeri del Reggimento della Guardia

1806-1812

Cavalleggeri del Reggimento della Guardia

Velite a cavallo in gran tenuta

Capitano artiglieria della Guardia

Artiglieri della Guardia

Brigadiere compagnia cavalleggeri volontari della Guardia

Velite a cavallo della Guardia reale

Tromba dei veliti a cavallo e velite in piccola tenuta

Tenente e tromba della Guardia d'onore reale

Guardia d'onore a cavallo

1809

Guardie dei dazi indiretti a cavallo

Guardie dei dazi indiretti a cavallo

Guardie dei dazi indiretti a piedi

Minatore e guastatore

Guardie dei dazi indiretti di mare

Compagnia scelta guastatori (minatori)

Gendarme a piedi e a cavallo

Volteggiatore del 5° Di linea e gendarme della Guardia

Guardia Reale fanteria

Guardia Reale artiglieria

1809

Battaglione guastatori

Minatori

Veterani della Guardia

Ufficiali del genio e dei minatori

Battaglione zappatori

Treno d'artiglieria

Battaglione refrattari

Refrattari disertori

Refrattari e galerieri

4° Reggimento di linea

Ufficiale generale

Guardia di palazzo e cacciatore a cavallo alla polacca

Ufficiale dei cacciatori a cavallo

Cacciatore a cavallo

Cacciatore a cavallo

Ufficiali cavalleggeri della Guardia

Re Gioacchino Murat in mantello

Ufficiale dei cacciatori a cavallo in alta uniforme

Ufficiale artiglieria a cavallo

Gioacchino Murat a cavallo

Soldati d'artiglieria

Aiutante di campo del re

Soldati del genio

Ufficiale artiglieria a cavallo della Guardia

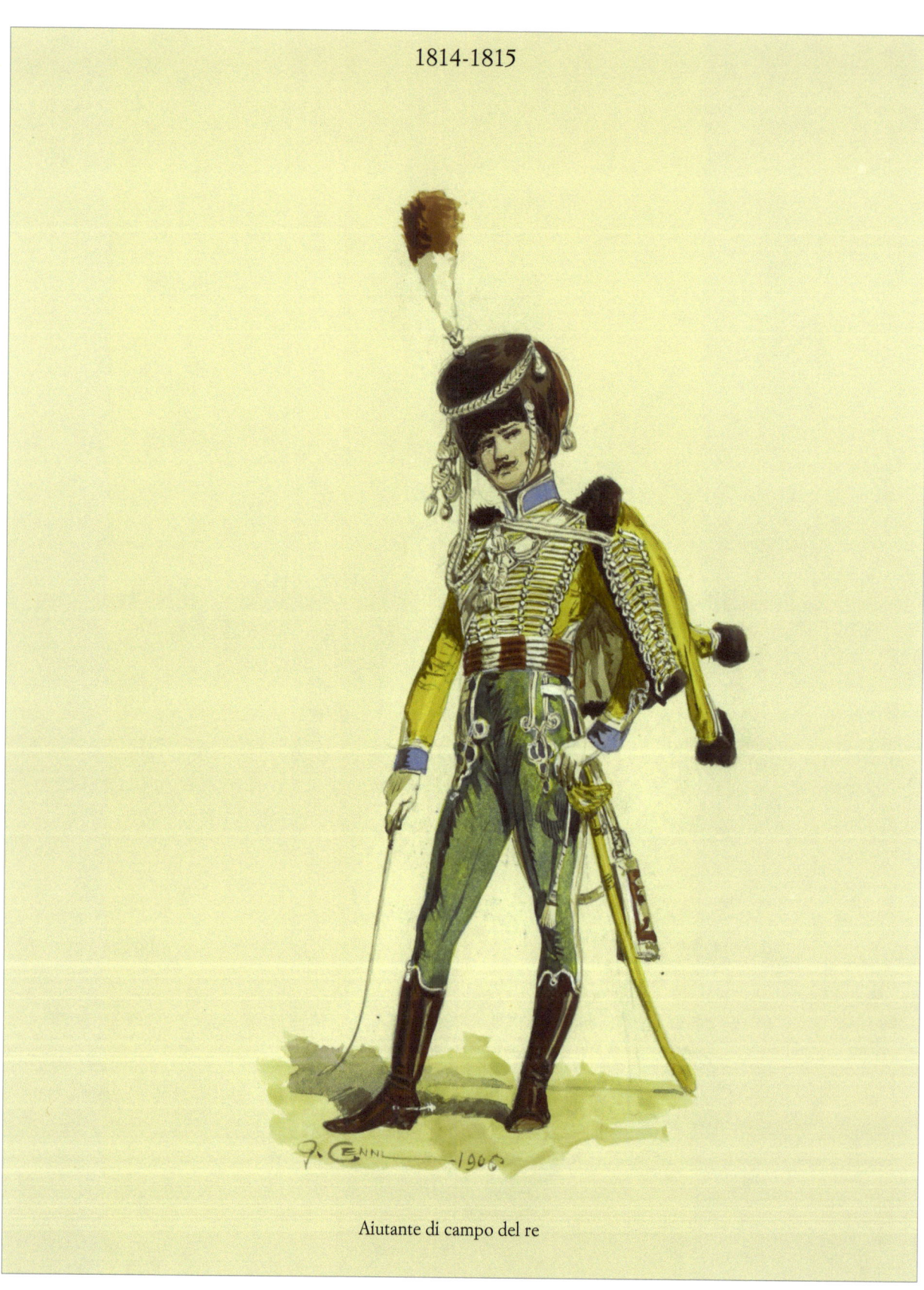

Aiutante di campo del re

1814-1815

G. Cenni 1907

Ufficiale dei cacciatori a cavallo

Granatiere della Guardia con cappotto in tenuta da campagna

Ufficiale corazzieri-carabinieri

Corazziere carabiniere

Sottufficiali battaglione di Marina

Battaglione di marina

Piccolo stato maggiore di Marina

Ufficiali di cavalleria in bassa tenuta

Tromba degli ussari della Guardia

Ufficiale degli ussari

Ussaro della Guradia

Tromba degli ussari

Re Gioacchino Murat a cavallo

Fuciliere e ufficiale di fanteria di linea

Soldato di fanteria in tenuta di quartiere e soldato del genio

Ufficiali con bandiere

Ufficiale artiglieria della Guardia Reale

Cavalleggero polacco

Araldica del regno di Napoli sotto Gioacchino Murat

INDICE:

*

BIBLIOGRAFIA ESSENZIALE:

- *Piero Crociani e Massimo Brandani* - L'esercito Napoletano 1806/15 Fanteria di Linea. EMI editore, Milano 1987.

- *N.Cortese* - Memorie di un generale della Repubblica e dell'Impero. Napoli 1927.

- *N.Cortese* – L'esercito napoletano e le guerre napoleoniche. Napoli 1928.

- *Otto Von Pivka* – Napoleon's Italian troops. Osprey 1999.

- *Piero Crociani e Massimo Brandani* - La cavalleria di linea di Murat 1808-15. La Roccia Ed. 1978.

- *Massimo Fiorentino* – Murat les uniformes de la legende. La revue Napoleon, Parigi 2005.

- *J.Rambaud* – Naples sous Joseph Bonaparte. Parigi 1911.

- *M.H.Weil* – Joachim Murat roi de Naples – la derniere année du regne – Parigi 1909.

- *M.H.Weil* – Le prince Eugèene et Murat. Parigi 1902.

- *Gennaro Aloja* – L'esercito di Murat re di Napoli. Sugarco edizioni 1990.

- *L. Conforti*, Il Regno di Napoli dal 1789 al 1799, Napoli 1887.

- *M. D'Ayala,* Napoli militare, Napoli 1847.

- *G.Boeri e Piero Crociani,* L'esercito borbonico dal 1789 al 1815, Roma S.M.1989

- *G.Boeri e Piero Crociani,* L'esercito borbonico dal 1815 al 1830, Roma S.M.1989

- *Luca Cristini,* L'esercito del Regno di Napoli 1806-1815 vol. 1 la fanteria, Soldiershop 2014

- *Quinto Cenni,* Il soldato italiano del Risorgimento, Rivista Militare 1987

- *V.Gibellini.* Gli eserciti italiani, De Agostini, Novara 1975.

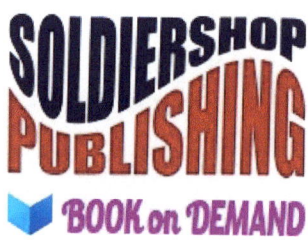

QUADERNI CENNI - WORK PLAN

Collana basata sulle prestigiose immagini realizzate nell'arco di una vita dal più grande pittore militare e uniformologo italiano, il modenese Quinto Cenni.

Questi quaderni spaziano su gran parte degli stati pre-unitari italiani e non solo. Libri di medio/grande formato 20,5 x 25,5 composti da 100/150 pagine tutte a colori con le tavole a piena pagina ed un prologo testuale di una ventina di pagine a commento delle uniformi trattate e della vita di Quinto Cenni. Già realizzate le copie dedicate al Ducato di Parma e in parte quelle degli eserciti borbonici e napoletani del periodo napoleonico. Seguiranno i volumi sul Ducato di Modena, Granducato di Toscana, di Lucca. Repubblica di Genova e molti altri

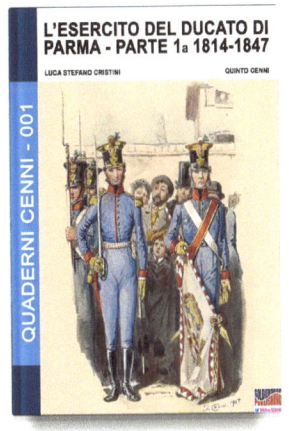 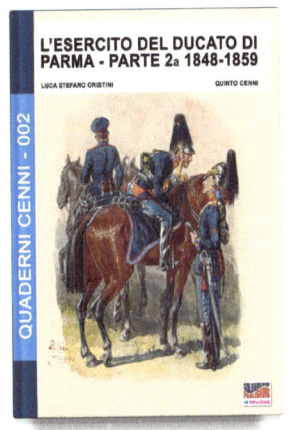 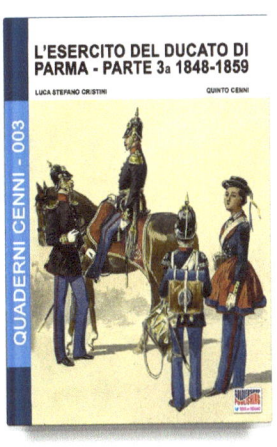

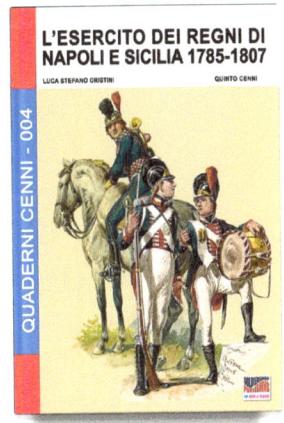  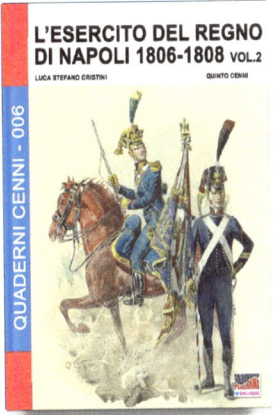 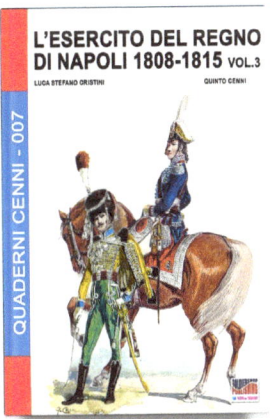